RÈGLEMENT INTÉRIEUR

DU

CORPS CONSULAIRE

DU HAVRE

*ADOPTÉ EN ASSEMBLÉE GÉNÉRALE
LE 25 FÉVRIER 1929*

LE HAVRE
IMPRIMERIE MICAUX FRÈRES
34bis, rue Jules-Siegfried
—
1929

RÈGLEMENT INTÉRIEUR

DU

CORPS CONSULAIRE

DU HAVRE

adopté en Assemblée Générale le 25 Février 1929 (1)

ARTICLE I

Le Corps Consulaire du Havre est formé par la réunion :

des **Consuls Généraux, Consuls, Vice-Consuls**, chefs de Consulat;

des **Consuls** et **Vice-Consuls** attachés à un Consulat;

des **Gérants** temporaires de Consulat, dont la nomination a été publiée au Journal Officiel, ou qui ont été agréés par le Gouvernement Français, et qui ont leur résidence au Havre.

---

(1) Ce Règlement a été établi par une Commission composée de :

MM. Ch. SERRET, Consul de Finlande, *Président*;

Saul AGUILAR, Consul de la République Argentine,
Gustave BUCHARD, Consul de Roumanie,
José CARNER, Consul d'Espagne,
Harold SWAN, Consul de S. M. Britannique,   *Membres.*

ARTICLE II

Toute personne appartenant à l'une des caté-
gories désignées à l'article Ier est de droit Membre du Corps Consulaire; son inscription a lieu
dès que la notification écrite de la date de son
exequatur, de sa nomination ou de sa recon-
naissance officielle est faite par ses soins au
Président du Corps Consulaire.

Ce renseignement est porté sur un registre
tenu à jour par le Secrétaire.

Tout Membre inscrit reçoit un exemplaire
du Règlement Intérieur et est invité à y donner
son adhésion par écrit.

ARTICLE III

Le Règlement Intérieur a pour objet d'assu-
rer, dans l'intérêt commun, l'union des Membres du Corps Consulaire et de fixer l'ordre de
leur représentation dans les cérémonies et
réceptions publiques ou privées, auxquelles
ils peuvent être officiellement conviés.

ARTICLE IV

Les Membres du Corps Consulaire délibèrent
des questions qui les intéressent en Assemblée
Générale.

Prennent part aux délibérations et résolutions, avec prérogatives égales, tous les Membres inscrits au Corps Consulaire.

Toutefois, les Membres qui n'ont pas acquitté leur cotisation annuelle dans les délais prévus (Art. XXI) ne peuvent prendre part aux votes.

ARTICLE V

Les Membres inscrits au Corps Consulaire qui ne peuvent assister aux Assemblées, ont la faculté de se faire suppléer par un mandataire, inscrit lui-même au Corps Consulaire, à qui ils donnent, par écrit, pouvoir de les représenter et de voter en leur lieu et place.

Les pouvoirs ainsi délivrés sont contrôlés avant l'ouverture de la séance.

ARTICLE VI

Pour être valablement constituée, une Assemblée Générale doit réunir, en tant que présents ou représentés, les trois quarts au moins des Membres inscrits au Corps Consulaire.

Si le quorum n'est pas atteint, l'Assemblée Générale est renvoyée à une date ultérieure, qui ne peut dépasser le délai de quinze jours.

Cette seconde Assemblée sera valablement constituée, quel que soit le nombre des Membres présents ou représentés.

Article VII

L'Assemblée Générale est convoquée par le Président chaque fois que celui-ci le juge nécessaire.

Une Assemblée Générale annuelle a lieu obligatoirement dans le courant du mois de Janvier.

Cette Assemblée entend les rapports sur les questions intéressant le Corps Consulaire et sur la situation financière; elle approuve les comptes de l'exercice clos, et pourvoit, quand il y a lieu, au renouvellement des Membres du Bureau.

Les Membres qui désirent, au cours d'une Assemblée Générale, interpeller le Bureau sur sa gestion, ou sur tout autre sujet, doivent en prévenir le Président, par écrit, trois jours au moins avant la réunion, en indiquant le motif de leur interpellation.

Article VIII

Tout Membre du Corps Consulaire peut demander au Président, après en avoir exposé par écrit les motifs, la convocation d'une Assemblée Générale; cette demande est soumise aux délibérations du Bureau qui établit un rapport et fait ensuite connaître par lettre sa décision à l'intéressé.

Toutefois, la convocation d'une Assemblée Générale sera de droit lorsqu'une demande sera revêtue des signatures d'un quart au moins des Membres inscrits au Corps Consulaire.

Dans ce cas, le rapport, établi par le Bureau, sera distribué, avant l'Assemblée Générale, à tous les Membres du Corps Consulaire.

Article IX

Les convocations aux Assemblées Générales sont adressées par lettre individuelle; elles fixent l'ordre du jour, l'heure et le lieu de la réunion qui, en aucun cas, ne peut être le domicile de l'un des Membres du Corps Consulaire.

Article X

Les votes peuvent avoir lieu à main levée; mais le scrutin secret, avec appel nominal, est obligatoire toutes les fois qu'il est demandé par cinq Membres au moins.

Les résolutions sont prises à la majorité absolue.

Si la majorité absolue n'a pas été atteinte au premier tour, il est procédé à un deuxième tour de scrutin qui décide à la majorité relative.

Les Membres titulaires à la fois de plusieurs postes consulaires n'ont droit qu'à une seule voix.

Article XI

Le Corps Consulaire est administré par un Bureau composé de :

  un Président;
  deux Vice-Présidents;
  un Secrétaire;
  un Trésorier.

Les Membres de ce Bureau sont élus pour deux ans dans les conditions définies à l'article précédent.

Le Bureau est chargé de l'exécution des résolutions prises en Assemblée Générale et de l'expédition des affaires courantes.

Article XII

Le Président est choisi parmi les Consuls Généraux et Consuls de carrière.

Les deux Vice-Présidents sont choisis parmi tous les Consuls Généraux et Consuls; l'un des

Vice-Présidents, au moins, doit être un Consul ad honorem.

Le Secrétaire et le Trésorier sont choisis parmi les autres Membres du Corps Consulaire.

Le Vice-Président dont la date d'exequatur est la plus ancienne est premier Vice-Président.

ARTICLE XIII

Le Président n'est pas immédiatement rééligible; il peut toutefois être réélu après une interruption de fonction.

Les Vice-Présidents, le Secrétaire et le Trésorier sont rééligibles.

Les élections ont lieu, sauf le cas prévu à l'article XIX ci-après, au cours de l'Assemblée Générale annuelle tenue au mois de Janvier.

ARTICLE XIV

Le Président représente le Corps Consulaire auprès des Pouvoirs Publics et des Autorités constituées; il prend, à cet effet, le titre de Doyen-Président et a la préséance dans les cérémonies publiques; il convoque, lorsqu'il y a lieu, et autant que possible par lettre individuelle, les Membres du Corps Consulaire, qui sont invités à y assister.

Le Président a également pour mission de présider les réunions du Bureau et les Assemblées Générales, d'y maintenir l'ordre, de faire observer le Règlement, de poser les questions et de diriger les débats.

Article XV

Les Vice-Présidents secondent le Président dans l'accomplissement de sa mission; en cas d'absence ou d'empèchement, ils le remplacent, à tour d'ancienneté, dans ses droits et prérogatives.

Article XVI

Si le Président et les deux Vice-Présidents sont à la fois absents ou empêchés, la représentation du Corps Consulaire revient au plus ancien des Consuls Généraux ou Consuls, d'après la date d'exequatur.

Article XVII

Le Secrétaire est chargé de rédiger la correspondance, d'adresser les convocations, d'établir les procès-verbaux. Il est le dépositaire des archives et tient le registre d'inscription des Membres du Corps Consulaire.

En cas d'absence de courte durée, il est remplacé par le Trésorier, qui cumule momentanément les deux fonctions.

Article XVIII

Le Trésorier fait les encaissements et les paiements; il les inscrit sur un livre de caisse coté et paraphé par le Président.

Les pièces de caisse restent déposées entre ses mains pour l'exercice en cours.

A l'Assemblée Générale annuelle du mois de Janvier, il présente le compte rendu de la situation financière.

En cas d'absence de courte durée du Trésorier, il est remplacé par le Secrétaire, qui cumule momentanément les deux fonctions.

Article XIX

En cas de départ définitif du Président en exercice, une Assemblée Générale est réunie dans un délai maximum de quinze jours pour procéder à l'élection d'un nouveau titulaire.

La durée des fonctions du Président ainsi élu, est de deux ans, à compter de la date de cette élection.

Article XX

Si l'absence ou l'empêchement de l'un ou des deux Vice-Présidents, du Secrétaire ou du Trésorier, doivent être de longue durée, ils pourront, autant que le Bureau le jugera nécessaire, être remplacés provisoirement dans leurs fonctions par d'autres Membres du Corps Consulaire, choisis et nommés par le Bureau. Ces suppléants conserveront leur emploi jusqu'à la plus prochaine Assemblée Générale annuelle, qui devra procéder à l'élection du ou des titulaires définitifs.

Article XXI

Pour couvrir les frais de chancellerie, les Membres du Corps Consulaire sont invités à verser annuellement une cotisation individuelle de 40 francs. L'encaissement a lieu avant l'Assemblée Générale du mois de Janvier.

Pour les Membres inscrits dans le courant de l'année, cette cotisation est perçue aussitôt après l'inscription.

Le non-paiement de la cotisation sera interprété comme une renonciation volontaire au droit de vote dans les Assemblées Générales.

Article XXII

L'organisation de banquets, réceptions ou autres manifestations est laissée à l'initiative du Bureau qui devra, avant exécution, solliciter l'adhésion écrite des Membres du Corps Consulaire désirant y participer.

Article XXIII

Le présent Règlement ayant été approuvé en Assemblée Générale, ne pourra être modifié que par décision d'une autre Assemblée Générale.

Le Havre — Imprimerie MICAUX frères, 34 *bis*, rue Jules-Siegfried — 102028